The Moon and The Poet And Other Bilingual Italian-English Stories for Beginners

Pomme Bilingual

Published by Pomme Bilingual, 2024.

While every precaution has been taken in the preparation of this book, the publisher assumes no responsibility for errors or omissions, or for damages resulting from the use of the information contained herein.

THE MOON AND THE POET AND OTHER BILINGUAL ITALIAN-ENGLISH STORIES FOR BEGINNERS

First edition. November 18, 2024.

Copyright © 2024 Pomme Bilingual.

ISBN: 979-8230023128

Written by Pomme Bilingual.

Table of Contents

La Festa Nascosta

Elisa Ventura riceve una lettera misteriosa. La busta è dorata, con il suo nome scritto in una bella calligrafia: "Signorina Elisa Ventura". Dentro c'è un invito:

"Sei invitata a una festa esclusiva nella Villa D'Oro. Sabato sera alle otto. Dress code: elegante. Firmato, Signor Valentino."

Elisa è sorpresa. Non conosce nessuno di nome Valentino. Ma la curiosità è troppo forte.

Sabato sera, Elisa indossa un abito lungo blu e un paio di scarpe dorate. Si guarda allo specchio. È nervosa ma eccitata.

Prende un taxi e arriva davanti a Villa D'Oro. La villa è enorme, con grandi finestre illuminate e un giardino pieno di rose. Un lago circonda la villa, riflettendo la luce della luna.

Un uomo elegante in giacca nera la accoglie:

"Benvenuta, Signorina Ventura. Prego, segua il sentiero."

Elisa entra nella villa. Dentro, tutto è decorato in oro e cristallo. Candelabri brillano, e un'orchestra suona musica classica.

"Benvenuta!" dice una donna con un vestito rosso. "Mi chiamo Bianca. Sei un'amica di Valentino?"

"Non lo conosco," risponde Elisa. "E tu?"

Bianca ride. "Nemmeno io. Ma le sue feste sono famose. Divertiti!"

Elisa si sente un po' fuori luogo, ma prende un bicchiere di champagne e osserva gli altri ospiti. Tutti sembrano felici e affascinanti.

Dopo un po', un uomo si avvicina. È alto, con occhi scuri e un sorriso affascinante.

"Signorina Ventura," dice. "Finalmente ci incontriamo."

"Lei è Signor Valentino?" chiede Elisa.

Lui sorride. "Esatto. È un onore averti qui."

Valentino parla con calma e fascino. Racconta storie di viaggi, di arte e di musica. Ma non dice mai nulla di personale. Elisa è curiosa. Chi è quest'uomo? Perché ha organizzato questa festa?

Elisa esce in giardino per prendere aria. Le stelle brillano sopra il lago. Alfredo, un cameriere, si avvicina con un vassoio.

"Ti piace la festa?" chiede.

"È bellissima, ma... chi è davvero Signor Valentino?"

Alfredo sorride. "Nessuno lo sa. È un uomo pieno di segreti. Ma non preoccuparti. Goditi la serata."

Elisa si sente ancora più confusa. Ma decide di tornare alla festa.

La notte continua con balli e risate. Quando l'orologio segna mezzanotte, Valentino sale su un piccolo palco.

"Grazie a tutti per essere venuti," dice. "Questa notte è per celebrare la bellezza e il mistero della vita."

Poi, guarda Elisa e sorride. Lei sente un brivido. Si chiede ancora: perché è stata invitata?

Quando Elisa torna a casa, trova un'altra busta dorata nella sua borsa. Dentro c'è una frase scritta a mano:

"A volte, il mistero è la vera magia della vita."

Elisa sorride. Forse non conoscerà mai la verità, ma quella notte rimarrà per sempre un ricordo speciale.

The Hidden Party

———

Elisa Ventura receives a mysterious letter. The envelope is golden, with her name written in beautiful handwriting: "Miss Elisa Ventura." Inside, there is an invitation:

"You are invited to an exclusive party at Villa D'Oro. Saturday evening at eight. Dress code: elegant. Signed, Mr. Valentino."

Elisa is surprised. She doesn't know anyone named Valentino. But her curiosity is too strong to resist.

On Saturday evening, Elisa wears a long blue dress and a pair of golden shoes. She looks at herself in the mirror. She's nervous but excited.

She takes a taxi and arrives in front of Villa D'Oro. The villa is enormous, with large illuminated windows and a garden full of roses. A lake surrounds the villa, reflecting the moonlight.

A well-dressed man in a black jacket greets her:

"Welcome, Miss Ventura. Please, follow the path."

Elisa enters the villa. Inside, everything is decorated in gold and crystal. Chandeliers shine, and an orchestra plays classical music.

"Welcome!" says a woman in a red dress. "My name is Bianca. Are you a friend of Valentino?"

"I don't know him," Elisa replies. "What about you?"

Bianca laughs. "Neither do I. But his parties are famous. Enjoy yourself!"

Elisa feels a bit out of place, but she takes a glass of champagne and watches the other guests. Everyone seems happy and charming.

After a while, a man approaches. He is tall, with dark eyes and a charming smile.

"Miss Ventura," he says. "At last, we meet."

"Are you Mr. Valentino?" Elisa asks.

He smiles. "Indeed. It's an honor to have you here."

Valentino speaks calmly and with charm. He tells stories of travels, art, and music, but never anything personal. Elisa is curious. Who is this man? Why did he organize this party?

Elisa steps outside to the garden to get some fresh air. The stars shine above the lake. Alfredo, a waiter, approaches with a tray.

"Do you like the party?" he asks.

"It's beautiful, but... who is Mr. Valentino really?"

Alfredo smiles. "No one knows. He's a man full of secrets. But don't worry. Enjoy the evening."

Elisa feels even more confused, but she decides to return to the party.

The night continues with dancing and laughter. When the clock strikes midnight, Valentino steps onto a small stage.

"Thank you all for coming," he says. "Tonight is to celebrate the beauty and mystery of life."

Then, he looks at Elisa and smiles. She feels a shiver. She still wonders: why was she invited?

When Elisa returns home, she finds another golden envelope in her bag. Inside, there is a handwritten phrase:

"Sometimes, mystery is the true magic of life."

Elisa smiles. Perhaps she will never know the truth, but that night will always remain a special memory.

Il Caffè all'Angolo

Lorenzo entra nel caffè ogni mattina. Si chiama "Caffè Serenità", e si trova all'angolo di una piccola strada. La porta ha una campanella che suona ogni volta che qualcuno entra.

Dentro, c'è sempre il profumo di caffè fresco e cornetti caldi. I tavoli sono piccoli, con tovaglie a quadretti rossi e bianchi. Una radio suona musica leggera in sottofondo.

"Buongiorno, Lorenzo," dice Signora Carla, la proprietaria.

"Buongiorno," risponde Lorenzo con un sorriso. Si siede al suo tavolo preferito vicino alla finestra.

Ogni giorno, Lorenzo guarda fuori dalla finestra. La strada è tranquilla, ma sempre viva.

Un uomo con un cane passa ogni mattina. Una donna con una bicicletta rossa si ferma sempre davanti al negozio di fiori. Lorenzo osserva e immagina le loro vite.

Nel caffè, Signora Carla serve i clienti con un sorriso. Lei conosce tutti e chiama ognuno per nome.

Lorenzo scrive spesso su un piccolo quaderno. Scrive poesie e pensieri sulle persone che vede. Trova poesia nelle cose semplici: un raggio di sole sul tavolo, il rumore del cucchiaino nella tazza, il suono delle risate.

Un giorno, Lorenzo vede una donna seduta a un tavolo vicino al suo. Ha i capelli castani e gli occhi tristi. Beve lentamente il suo caffè e guarda fuori dalla finestra.

Lorenzo la osserva per un po'. Poi decide di parlare.

"Ciao," dice con un sorriso timido. "Ti piace questo caffè?"

La donna alza lo sguardo. "Sì, è tranquillo," risponde. "È il tuo caffè preferito?"

"Sì, vengo qui ogni giorno," dice Lorenzo. "Mi piace osservare le persone."

La donna sorride debolmente. "Io mi chiamo Sofia," dice.

Lorenzo e Sofia iniziano a parlare. Sofia racconta che è venuta a Pianoterra per sfuggire allo stress della città. Si sente persa e non sa cosa fare della sua vita.

Lorenzo le dice: "Io trovo bellezza nelle cose semplici. Guarda fuori dalla finestra: le persone, i fiori, la luce del sole... tutto è una poesia."

Sofia lo guarda, sorpresa. "Non ci avevo mai pensato," dice. "Forse ho sempre cercato qualcosa di grande, ma non ho mai guardato le cose piccole."

Dopo un'ora, Sofia sorride. Il suo volto sembra più leggero.

"Grazie, Lorenzo," dice. "Mi hai dato una nuova prospettiva."

"A volte, basta guardare il mondo con occhi diversi," risponde lui.

Sofia si alza per andare via. "Forse tornerò domani," dice.

"Io sarò qui," risponde Lorenzo.

Il giorno dopo, Lorenzo è seduto al suo tavolo, con il suo quaderno. La campanella suona. Lorenzo alza lo sguardo. È Sofia.

Lei sorride e si siede accanto a lui. Insieme, guardano fuori dalla finestra. Le persone passano, la vita scorre, e tutto sembra pieno di poesia.

The Café on the Corner

———

Lorenzo goes in to the café every morning. It's called "Caffè Serenità", and it sits at the corner of a small street. The door has a bell that rings every time someone enters.

Inside, there's always the scent of fresh coffee and warm croissants. The tables are small, with red and white checkered tablecloths. A radio plays soft music in the background.

"Good morning, Lorenzo," says Mrs. Carla, the owner.

"Good morning," replies Lorenzo with a smile. He sits at his favorite table by the window.

Every day, Lorenzo looks out the window. The street is quiet, but always lively.

A man with a dog passes by every morning. A woman with a red bicycle always stops in front of the flower shop. Lorenzo watches them and imagines their lives.

Inside the café, Mrs. Carla serves customers with a smile. She knows everyone and calls each one by name.

Lorenzo often writes in a small notebook. He writes poems and thoughts about the people he sees. He finds poetry in simple things: a ray of sunlight on the table, the sound of a spoon in a cup, the sound of laughter.

One day, Lorenzo notices a woman sitting at a table near his. She has brown hair and sad eyes. She drinks her coffee slowly and gazes out the window.

Lorenzo watches her for a while. Then, he decides to speak.

"Hi," he says with a shy smile. "Do you like this café?"

The woman looks up. "Yes, it's peaceful," she replies. "Is it your favorite café?"

"Yes, I come here every day," Lorenzo says. "I like to watch people."

The woman smiles faintly. "My name is Sofia," she says.

Lorenzo and Sofia begin to talk. Sofia tells him she came to Pianoterra to escape the stress of the city. She feels lost and doesn't know what to do with her life.

Lorenzo tells her: "I find beauty in simple things. Look outside the window: the people, the flowers, the sunlight... everything is poetry."

Sofia looks at him, surprised. "I never thought about it that way," she says. "Maybe I've always been looking for something big, but I never noticed the small things."

After an hour, Sofia smiles. Her face seems lighter.

"Thank you, Lorenzo," she says. "You've given me a new perspective."

"Sometimes, all it takes is looking at the world with different eyes," he replies.

Sofia stands to leave. "Maybe I'll come back tomorrow," she says.

"I'll be here," says Lorenzo.

The next day, Lorenzo is sitting at his table, with his notebook. The bell rings. Lorenzo looks up. It's Sofia.

She smiles and sits next to him. Together, they look out the window. People pass by, life flows, and everything seems full of poetry.

Il Tesoro Perduto di Casalvento

Casalvento è un piccolo villaggio su una collina. Le case sono vecchie, con muri di pietra e tetti di tegole rosse. Le strade sono strette e piene di fiori colorati. Ma il villaggio ha un problema: tutto sta cadendo a pezzi.

"Se non troviamo una soluzione, Casalvento sarà abbandonato," dice Gabriele, il vecchio storico del villaggio. "Ma c'è ancora speranza. Esiste una leggenda su un tesoro nascosto qui."

La leggenda racconta che, molti anni fa, un ricco mercante ha nascosto un grande tesoro a Casalvento. Nessuno sa dove sia, ma si dice che ci sia una mappa nascosta nella biblioteca del villaggio.

Nonna Lucia, la donna più anziana del villaggio, dice: "Io ricordo mio nonno che parlava di questa storia. Dobbiamo trovare quel tesoro!"

Gabriele, Nonna Lucia, Vittoria (la panettiera) e Tommaso (il postino) decidono di cercare il tesoro insieme. "Siamo la squadra di Casalvento!" esclama Vittoria, ridendo.

Il gruppo si incontra nella biblioteca del villaggio. Gabriele tira fuori un vecchio libro pieno di polvere. Sfoglia le pagine con attenzione.

"Ecco!" esclama. "C'è una mappa!"

La mappa mostra un percorso che porta alla vecchia torre in cima alla collina. "Il tesoro è nascosto lì," dice Gabriele con entusiasmo.

La squadra inizia a seguire la mappa. Camminano lungo un sentiero ripido e incontrano molti ostacoli.

"Attenti alle pietre scivolose!" dice Tommaso, cercando di non cadere.

Nonna Lucia si ferma spesso per riposare. "Non sono più giovane come una volta," dice con un sorriso.

Arrivano finalmente alla torre. È vecchia e coperta di edera. "E ora?" chiede Vittoria.

"Cerchiamo indizi," risponde Gabriele.

Dopo un po' di tempo, Tommaso trova una botola nascosta sotto il pavimento. "Guardate qui!" dice.

Apre la botola, e dentro c'è una vecchia scatola di legno. Il gruppo è eccitato. "Abbiamo trovato il tesoro!" esclama Vittoria.

Ma quando aprono la scatola, trovano... delle lettere e delle fotografie. Non ci sono monete d'oro né gioielli.

"Questo è il tesoro?" chiede Tommaso, deluso.

Gabriele legge una delle lettere. "Sono lettere di persone che hanno vissuto qui. Raccontano storie di amore, amicizia e coraggio."

Nonna Lucia sorride. "Questo è un tesoro," dice. "La storia di Casalvento è più preziosa dell'oro."

Il gruppo torna al villaggio con la scatola. Organizzano una grande festa, e tutti leggono le lettere insieme. Le storie fanno ridere, piangere e sentire uniti.

Gabriele dice: "Forse non abbiamo trovato oro, ma abbiamo trovato qualcosa di più importante: la nostra storia."

Grazie al tesoro, Casalvento diventa famoso. I turisti vengono per vedere le lettere e ascoltare le storie del villaggio. Con il tempo, Casalvento torna a essere vivo e pieno di energia.

Nonna Lucia dice: "Vedi, il vero tesoro eravamo noi, la nostra comunità."

The Lost Treasure of Casalvento

Casalvento is a small village on a hill. The houses are old, with stone walls and red tile roofs. The streets are narrow and filled with colorful flowers. But the village has a problem: everything is falling apart.

"If we don't find a solution, Casalvento will be abandoned," says Gabriele, the village's old historian. "But there is still hope. There is a legend about a hidden treasure here."

The legend tells that many years ago, a rich merchant hid a great treasure in Casalvento. No one knows where it is, but it is said that there is a map hidden in the village library.

Grandma Lucia, the oldest woman in the village, says: "I remember my grandfather talking about this story. We must find that treasure!"

Gabriele, Grandma Lucia, Vittoria (the baker), and Tommaso (the postman) decide to search for the treasure together. "We are the Casalvento team!" exclaims Vittoria, laughing.

The group meets in the village library. Gabriele pulls out an old book covered in dust. He carefully flips through the pages.

"Here it is!" he exclaims. "There's a map!"

The map shows a path leading to the old tower at the top of the hill. "The treasure is hidden there," says Gabriele with enthusiasm.

The team starts following the map. They walk along a steep path and face many obstacles.

"Watch out for the slippery stones!" warns Tommaso, trying not to fall.

Grandma Lucia stops often to rest. "I'm not as young as I used to be," she says with a smile.

They finally reach the tower. It is old and covered in ivy. "Now what?" asks Vittoria.

"Let's look for clues," replies Gabriele.

After a while, Tommaso finds a trapdoor hidden under the floorboards. "Look here!" he says.

He opens the trapdoor, and inside there is an old wooden box. The group is excited. "We found the treasure!" exclaims Vittoria.

But when they open the box, they find... letters and photographs. There are no gold coins or jewels.

"Is this the treasure?" asks Tommaso, disappointed.

Gabriele reads one of the letters. "These are letters from people who lived here. They tell stories of love, friendship, and courage."

Grandma Lucia smiles. "This is a treasure," she says. "The history of Casalvento is more precious than gold."

The group returns to the village with the box. They organize a big party, and everyone reads the letters together. The stories make them laugh, cry, and feel united.

Gabriele says: "Maybe we didn't find gold, but we found something more important: our history."

Thanks to the treasure, Casalvento becomes famous. Tourists come to see the letters and hear the stories of the village. Over time, Casalvento comes back to life and is full of energy again.

Grandma Lucia says: "You see, the real treasure was us, our community."

La Maschera di Cristallo

Portovivo è un piccolo paese sul mare. Le case sono colorate, e le strade sono piene di negozi e bancarelle. Il padre di Caterina Rossi è un famoso vetraio. Le sue creazioni di vetro sono conosciute in tutto il paese.

Caterina aiuta suo padre nel laboratorio. Ama creare oggetti di vetro: piccole sculture, vasi, e soprattutto maschere. "Il vetro è vivo," dice spesso. "Devi ascoltarlo mentre lo lavori."

Ma la vita di Caterina non è facile. Suo padre vuole che sposi Don Franco, un ricco mercante. "Così avrai una vita sicura," le dice. Ma Caterina non vuole. Vuole essere un'artista.

Un giorno, un uomo arriva in paese. Si chiama Marcello ed è un drammaturgo. Scrive opere teatrali e viaggia da città a città per presentarle.

Marcello visita il laboratorio di Caterina. "Queste maschere sono straordinarie," dice, osservando il lavoro di Caterina.

"Grazie," risponde Caterina, timida. "Mi piace creare qualcosa che racconti una storia."

Marcello sorride. "Anche io racconto storie, ma con le parole."

Caterina e Marcello iniziano a parlare ogni giorno. Lui le racconta del teatro, dei viaggi e delle persone che ha incontrato. Lei gli parla del vetro, delle sue creazioni e dei suoi sogni.

"Tu hai un talento speciale," le dice Marcello. "Non puoi abbandonarlo."

Caterina sospira. "Mio padre non capisce. Lui pensa che il matrimonio con Don Franco sia la mia unica possibilità."

Marcello la guarda negli occhi. "Devi seguire il tuo cuore, Caterina. La vita è troppo breve per vivere i sogni degli altri."

Una sera, Don Franco visita il laboratorio. "Caterina," dice con tono autoritario, "dobbiamo decidere la data del matrimonio."

Caterina lo guarda, ma non risponde. Suo padre interviene: "Don Franco ha ragione. Questo matrimonio è importante per la nostra famiglia."

Caterina si sente intrappolata. Quella notte, non riesce a dormire. Guarda fuori dalla finestra e vede il mare illuminato dalla luna.

"Cosa devo fare?" si chiede.

Il giorno dopo, Caterina crea qualcosa di speciale: una maschera di cristallo trasparente. È delicata, unica, e sembra quasi magica.

Marcello viene a vederla. "È incredibile," dice. "Racconta la tua storia, Caterina. Mostra chi sei veramente."

Caterina capisce che deve fare una scelta. Prende la maschera e la mostra a suo padre. "Questa maschera rappresenta me," dice. "Non posso nascondere chi sono. Non sposerò Don Franco."

Suo padre è arrabbiato. "Caterina, sei egoista!" le grida.

Ma Caterina rimane ferma. "Papà, io ti rispetto. Ma devo seguire la mia strada."

Don Franco se ne va, offeso. Marcello è orgoglioso di Caterina. "Hai fatto la scelta giusta," le dice.

Caterina decide di esporre le sue opere in un mercato vicino. Le sue maschere diventano famose, e le persone di tutta la regione vengono a vederle.

Anche suo padre, con il tempo, capisce la passione di Caterina. "Sei una vera artista," le dice un giorno.

Marcello lascia Portovivo per continuare i suoi viaggi, ma dice a Caterina: "Ci rivedremo, ne sono sicuro."

Caterina guarda il mare e sorride. Finalmente, sente di essere libera.

The Crystal Mask

Portovivo is a small town by the sea. The houses are colorful, and the streets are full of shops and stalls. Caterina Rossi's father is a famous glassmaker. His glass creations are known throughout the country.

Caterina helps her father in the workshop. She loves creating glass objects: small sculptures, vases, and especially masks. "Glass is alive," she often says. "You have to listen to it as you work."

But Caterina's life is not easy. Her father wants her to marry Don Franco, a wealthy merchant. "That way you'll have a secure life," he tells her. But Caterina doesn't want to. She wants to be an artist.

One day, a man arrives in town. His name is Marcello, and he is a playwright. He writes plays and travels from city to city to present them.

Marcello visits Caterina's workshop. "These masks are extraordinary," he says, admiring Caterina's work.

"Thank you," replies Caterina, shyly. "I like creating something that tells a story."

Marcello smiles. "I also tell stories, but with words."

Caterina and Marcello begin to talk every day. He tells her about the theater, his travels, and the people he has met. She talks to him about glass, her creations, and her dreams.

"You have a special talent," Marcello tells her. "You can't abandon it."

Caterina sighs. "My father doesn't understand. He thinks that marriage to Don Franco is my only option."

Marcello looks her in the eyes. "You must follow your heart, Caterina. Life is too short to live other people's dreams."

One evening, Don Franco visits the workshop. "Caterina," he says in an authoritative tone, "we need to decide the wedding date."

Caterina looks at him but doesn't respond. Her father intervenes: "Don Franco is right. This marriage is important for our family."

Caterina feels trapped. That night, she can't sleep. She looks out the window and sees the sea illuminated by the moon.

"What should I do?" she wonders.

The next day, Caterina creates something special: a transparent crystal mask. It is delicate, unique, and almost magical.

Marcello comes to see it. "It's incredible," he says. "It tells your story, Caterina. It shows who you really are."

Caterina realizes she must make a choice. She takes the mask and shows it to her father. "This mask represents me," she says. "I can't hide who I am. I won't marry Don Franco."

Her father is angry. "Caterina, you're selfish!" he shouts at her.

But Caterina stands firm. "Dad, I respect you. But I have to follow my own path."

Don Franco leaves, offended. Marcello is proud of Caterina. "You made the right choice," he tells her.

Caterina decides to exhibit her works at a nearby market. Her masks become famous, and people from all over the region come to see them.

Over time, even her father understands Caterina's passion. "You are a true artist," he tells her one day.

Marcello leaves Portovivo to continue his travels but tells Caterina: "We will meet again, I'm sure of it."

Caterina looks out at the sea and smiles. Finally, she feels free.

La Luna e il Poeta

Montequieto è un piccolo paese tranquillo, circondato da colline verdi. C'è un giardino nascosto, lontano dalle case, dove Isabella, una poetessa solitaria, passa molte notti.

Quella sera, la luna piena illumina il cielo. Isabella siede su una vecchia panchina di legno, con un quaderno sulle ginocchia e una penna in mano.

"Perché scrivo?" si chiede. "Le parole sono come ombre, vengono e vanno. Ma la luna... lei è sempre lì, silenziosa e eterna."

Isabella guarda il cielo e pensa al passato. Ricorda sua madre, che le leggeva poesie quando era bambina. "La poesia è il cuore che parla," diceva sua madre.

Chiude gli occhi e vede il viso di Luca, il suo amico d'infanzia. "Scriverai poesie per sempre?" le chiedeva, ridendo. Isabella sorride a quel ricordo.

Ma ora è sola. Luca è partito, sua madre non c'è più, e il giardino è l'unico luogo dove si sente a casa.

La luna sembra guardarla. Isabella alza lo sguardo e sussurra: "Sei bellissima. Hai visto così tante cose. Cosa pensi di me?"

Nel silenzio, sente una voce nella sua mente. "Tu sei una parte di me," sembra dire la luna. "Tu cerchi risposte nelle parole, ma a volte devi solo ascoltare."

Isabella chiude il quaderno e rimane in silenzio. Ascolta il vento tra gli alberi, il canto lontano di un gufo, e il suono del suo respiro.

Le ore passano. Isabella non sa più se sta sognando o se è sveglia. Vede la luna che si avvicina a lei, come un'amica.

"La poesia non ha bisogno di risposte," le dice la luna. "È come la luce: illumina, ma non spiega."

Isabella sente una pace profonda. "Forse non devo capire tutto," pensa. "Forse devo solo scrivere quello che sento."

Quando il sole comincia a sorgere, Isabella riapre il quaderno. Scrive una nuova poesia, semplice e sincera:

La luna mi guarda,

mi parla in silenzio.

Io scrivo e respiro,

un piccolo frammento di luce.

Chiude il quaderno e si alza. "Grazie," dice alla luna, che ora scompare nel cielo del mattino.

Isabella torna a casa, con il cuore più leggero. La notte le ha dato qualcosa di prezioso: una nuova ispirazione e la consapevolezza che, a volte, il silenzio è la risposta.

The Moon and the Poet

Montequieto is a small, peaceful village surrounded by green hills. There is a hidden garden, far from the houses, where Isabella, a solitary poet, spends many nights.

That evening, the full moon lights up the sky. Isabella sits on an old wooden bench, with a notebook on her lap and a pen in hand.

"Why do I write?" she wonders. "Words are like shadows, they come and go. But the moon... it is always there, silent and eternal."

Isabella looks at the sky and thinks of the past. She remembers her mother, who used to read her poetry when she was a child. "Poetry is the heart speaking," her mother used to say.

She closes her eyes and sees the face of Luca, her childhood friend. "Will you write poetry forever?" he would ask, laughing. Isabella smiles at the memory.

But now she is alone. Luca is gone, her mother is no longer with her, and the garden is the only place where she feels at home.

The moon seems to be looking at her. Isabella raises her gaze and whispers, "You are beautiful. You have seen so many things. What do you think of me?"

In the silence, she hears a voice in her mind. "You are a part of me," the moon seems to say. "You seek answers in words, but sometimes you must just listen."

Isabella closes her notebook and remains silent. She listens to the wind among the trees, the distant call of an owl, and the sound of her breath.

Hours pass. Isabella no longer knows if she is dreaming or awake. She sees the moon drawing closer to her, like an old friend.

"Poetry doesn't need answers," the moon tells her. "It is like light: it illuminates, but does not explain."

Isabella feels a deep sense of peace. "Perhaps I don't need to understand everything," she thinks. "Perhaps I only need to write what I feel."

As the sun begins to rise, Isabella reopens her notebook. She writes a new poem, simple and sincere:

The moon looks at me,

speaks to me in silence.

I write and breathe,

a small fragment of light.

She closes the notebook and stands up. "Thank you," she says to the moon, which is now disappearing into the morning sky.

Isabella returns home, her heart lighter. The night has given her something precious: a new inspiration and the realization that, sometimes, silence is the answer.

Le Sette Chiavi

A Borgo delle Stelle, un piccolo villaggio tra le colline, si trova la Casa dei Sogni. È un'antica casa di pietra, piena di storie e segreti. Riccardo è tornato lì dopo molti anni per sistemare le cose della famiglia.

Un giorno, mentre esplora la soffitta, trova un vecchio baule coperto di polvere. Sul baule c'è un biglietto scritto a mano:

"Per Riccardo. Le chiavi del passato."

Dentro il baule, Riccardo trova sette chiavi di ferro, tutte diverse tra loro. Accanto alle chiavi, c'è un cassetto con un piccolo diario. Riccardo lo apre e legge le parole di suo nonno, Alberto:

"Ogni chiave apre un cassetto della nostra storia. Usa il cuore per capire ciò che troverai."

Riccardo decide di scoprire i segreti nascosti. Porta il baule nella sua stanza e si siede vicino al camino.

La prima chiave apre un cassetto con lettere antiche. Sono lettere d'amore scritte da sua nonna, Lucia, a suo nonno Alberto durante la guerra.

Riccardo legge una lettera:

"Alberto, il mio cuore è con te, anche se sei lontano. Torna presto."

Riccardo sente una connessione profonda con i suoi nonni. "Erano così giovani, ma pieni di speranza," pensa.

Con la seconda chiave, Riccardo apre un cassetto con vecchie fotografie. Vede la sua zia Rosa da bambina, con un grande sorriso. Ma in un angolo della foto c'è scritto: "Un sorriso dopo la tempesta."

Riccardo chiede a Zia Rosa: "Cosa significa questa frase?"

Lei sorride e dice: "È stato un periodo difficile, ma la nostra famiglia ha sempre trovato la forza di andare avanti."

Ogni chiave apre un nuovo cassetto con un nuovo segreto:

- Una ricetta scritta a mano da un bisnonno cuoco.

- Un disegno di un vecchio albero di famiglia.

- Un piccolo diario pieno di sogni di un parente mai conosciuto.

Riccardo si sente sempre più vicino alla sua famiglia.

L'ultima chiave è diversa dalle altre: è dorata e pesante. Apre un cassetto nascosto in fondo al baule. Dentro c'è un piccolo specchio e un biglietto:

"Il segreto finale sei tu. Porta avanti la nostra storia."

Riccardo si guarda nello specchio e capisce: la sua famiglia vive nelle storie, nei ricordi e nelle persone che continuano a raccontarle.

Riccardo chiude il baule e guarda fuori dalla finestra. Il sole tramonta su Borgo delle Stelle, ma lui sente una nuova luce dentro di sé.

"Non sono solo," pensa. "La mia famiglia è sempre con me."

Con un sorriso, Riccardo inizia a scrivere nel suo diario, pronto a continuare la storia della Casa dei Sogni.

The Seven Keys

In Borgo delle Stelle, a small village nestled among the hills, stands the House of Dreams. It is an ancient stone house, filled with stories and secrets. Riccardo has returned there after many years to take care of his family's affairs.

One day, while exploring the attic, he finds an old chest covered in dust. On the chest, there is a handwritten note:

"For Riccardo. The keys to the past."

Inside the chest, Riccardo finds seven iron keys, each different from the others. Next to the keys is a drawer with a small diary. Riccardo opens it and reads the words of his grandfather, Alberto:

"Each key opens a drawer of our history. Use your heart to understand what you will find."

Riccardo decides to uncover the hidden secrets. He brings the chest to his room and sits by the fireplace.

The first key opens a drawer filled with old letters. They are love letters written by his grandmother, Lucia, to his grandfather Alberto during the war.

Riccardo reads one letter:

"Alberto, my heart is with you, even though you are far away. Come back soon."

Riccardo feels a deep connection to his grandparents. "They were so young, but full of hope," he thinks.

With the second key, Riccardo opens a drawer with old photographs. He sees his Aunt Rosa as a child, smiling broadly. But in the corner of the photo, it reads: "A smile after the storm."

Riccardo asks Aunt Rosa: "What does this phrase mean?"

She smiles and replies: "It was a difficult time, but our family always found the strength to move forward."

Each key opens a new drawer with a new secret:

- A handwritten recipe from a great-grandfather who was a chef.

- A drawing of an old family tree.

- A small diary full of dreams from a relative Riccardo never met.

Riccardo feels ever closer to his family.

The last key is different from the others: it is golden and heavy. It opens a hidden drawer at the bottom of the chest. Inside, there is a small mirror and a note:

"The final secret is you. Carry our story forward."

Riccardo looks into the mirror and understands: his family lives on in the stories, the memories, and the people who continue to tell them.

Riccardo closes the chest and looks out the window. The sun sets over Borgo delle Stelle, but he feels a new light inside of him.

"I am not alone," he thinks. "My family is always with me."

With a smile, Riccardo begins to write in his diary, ready to continue the story of the House of Dreams.

Ombre sul Lago

Giulia è appena arrivata a Villa Silvana, una grande casa vicino a Lago Silente. È una villa elegante, ma c'è qualcosa di strano nell'aria. "È perfetta," dice Andrea, suo marito, con un sorriso. Ma Giulia non è sicura.

Le finestre sono grandi, e il lago si vede da ogni stanza. Ma di notte, tutto sembra più scuro, più freddo.

"Chi viveva qui prima di noi?" chiede Giulia a suo marito. Andrea risponde rapidamente: "Una donna anziana, Signora Marina. È morta l'anno scorso."

Giulia sente un brivido.

Un giorno, Giulia esplora la casa. Trova una porta chiusa. "Cosa c'è dietro questa porta?" chiede ad Andrea.

"Solo vecchie cose," dice lui, nervoso.

Ma Giulia non può ignorare la sua curiosità. Quando Andrea è via, trova una chiave e apre la porta. Dentro, c'è una stanza piena di polvere. Su una parete, c'è un grande ritratto di una donna con occhi intensi.

"Deve essere la Signora Marina," pensa Giulia. Sente come se quegli occhi la osservassero.

Di notte, Giulia non riesce a dormire. Sente rumori strani: passi leggeri, come qualcuno che cammina nei corridoi. Una volta, sente una voce sussurrare: "Non è finita..."

"Andrea, hai sentito qualcosa?" chiede.

"No, è solo il vento," risponde lui. Ma il viso di Andrea sembra teso.

Giulia comincia a sospettare che Andrea le stia nascondendo qualcosa.

Un giorno, Giulia trova un vecchio diario nascosto in un cassetto. È della Signora Marina. Legge una pagina:

"Andrea viene spesso a trovarmi. Dice che vuole aiutarmi, ma non mi fido di lui."

Giulia si ferma. "Andrea conosceva Marina? Perché non me l'ha detto?"

Continua a leggere. Marina scrive di un segreto nascosto nella casa, qualcosa legato al lago.

Giulia decide di andare al lago. L'acqua è calma, ma scura. Sente una presenza, come se qualcuno la stesse osservando.

"Chi sei?" sussurra Giulia. Non c'è risposta, ma una brezza fredda le accarezza il viso.

Quando torna a casa, trova Andrea che la aspetta. "Sei stata al lago?" chiede, il viso serio.

"Sì," risponde Giulia. "Cosa mi stai nascondendo, Andrea?"

Andrea confessa. "Conoscevo Marina. Era una donna complicata. Mi aveva chiesto di aiutarla, ma non potevo. Alla fine, si è chiusa in se stessa. La sua morte... non è stata un incidente."

Giulia sente un misto di paura e rabbia. "E tu non mi hai detto nulla?"

"Volevo proteggerti," dice Andrea.

Quella notte, Giulia sogna Marina. La vede sul lago, che sorride. "Non preoccuparti," dice Marina. "Ora sono libera."

Quando si sveglia, Giulia sente che qualcosa è cambiato. Va al ritratto di Marina e lo copre con un lenzuolo bianco.

"Il passato deve restare nel passato," dice ad Andrea.

Villa Silvana è ancora misteriosa, ma Giulia decide di non lasciare che le ombre controllino la sua vita.

Shadows on the Lake

Giulia has just arrived at Villa Silvana, a large house near Lake Silent. It is an elegant villa, but there's something strange in the air. "It's perfect," says Andrea, her husband, with a smile. But Giulia isn't so sure.

The windows are large, and the lake is visible from every room. But at night, everything seems darker, colder.

"Who lived here before us?" Giulia asks her husband. Andrea quickly replies: "An old woman, Mrs. Marina. She passed away last year."

Giulia feels a chill.

One day, Giulia explores the house. She finds a closed door. "What's behind this door?" she asks Andrea.

"Just old things," he says nervously.

But Giulia cannot ignore her curiosity. When Andrea is away, she finds a key and opens the door. Inside, there's a dusty room. On one wall, there is a large portrait of a woman with intense eyes.

"It must be Mrs. Marina," thinks Giulia. She feels as if those eyes are watching her.

At night, Giulia cannot sleep. She hears strange noises: light footsteps, as if someone is walking through the hallways. Once, she hears a voice whisper: "It's not over..."

"Andrea, did you hear something?" she asks.

"No, it's just the wind," he replies. But Andrea's face looks tense.

Giulia begins to suspect that Andrea is hiding something from her.

One day, Giulia finds an old diary hidden in a drawer. It belongs to Mrs. Marina. She reads a page:

"Andrea visits me often. He says he wants to help, but I don't trust him."

Giulia stops. "Andrea knew Marina? Why didn't he tell me?"

She keeps reading. Marina writes about a secret hidden in the house, something connected to the lake.

Giulia decides to go to the lake. The water is calm, but dark. She senses a presence, as if someone is watching her.

"Who are you?" whispers Giulia. There is no answer, but a cold breeze brushes her face.

When she returns home, she finds Andrea waiting for her. "Did you go to the lake?" he asks, his face serious.

"Yes," Giulia replies. "What are you hiding from me, Andrea?"

Andrea confesses. "I knew Marina. She was a complicated woman. She asked me to help her, but I couldn't. In the end, she shut herself off. Her death... it wasn't an accident."

Giulia feels a mix of fear and anger. "And you didn't tell me anything?"

"I wanted to protect you," says Andrea.

That night, Giulia dreams of Marina. She sees her on the lake, smiling. "Don't worry," says Marina. "I am free now."

When Giulia wakes up, she feels that something has changed. She goes to the portrait of Marina and covers it with a white sheet.

"The past must stay in the past," she says to Andrea.

Villa Silvana is still mysterious, but Giulia decides not to let the shadows control her life.

41

Il Giardino di Fiorella

A Colle Verde, in cima a una collina, c'è un giardino speciale. È il giardino di Fiorella, una donna anziana con capelli bianchi e occhi gentili. Ogni fiore nel suo giardino ha una storia.

"Questo è il fiore della speranza," dice Fiorella, indicando una rosa bianca. "L'ho piantato quando mio marito Paolo è guarito dalla malattia."

Fiorella passa ogni giorno nel suo giardino, parlando ai fiori e ricordando il passato.

Un pomeriggio, mentre Fiorella annaffia le piante, sente un rumore. Si gira e vede un bambino nascosto dietro un albero.

"Chi sei?" chiede Fiorella con un sorriso.

Il bambino esce lentamente. "Mi chiamo Nico," dice. "Mi sono perso."

Fiorella lo invita a sedersi. "Vuoi un po' di limonata?" Nico annuisce timidamente.

Nico torna ogni giorno al giardino di Fiorella. "Raccontami dei fiori," chiede.

Fiorella gli mostra un girasole. "Questo rappresenta la gioia. L'ho piantato quando è nato mio figlio."

Poi gli indica una piccola margherita. "Questa è per mia madre. Amava i fiori semplici."

Nico ascolta con attenzione. "Anche mia mamma amava i fiori," dice piano. Fiorella vede la tristezza nei suoi occhi, ma non lo pressa a parlare.

Un giorno, Nico si siede accanto a Fiorella. "Ho paura," dice.

"Di cosa?" chiede Fiorella.

"Mio papà è sempre arrabbiato. Non so cosa fare," confessa Nico.

Fiorella lo guarda con dolcezza. "Sai, anche io avevo paura da bambina. Ma ho imparato che parlare con qualcuno aiuta. Vuoi che parliamo con il tuo papà insieme?"

Nico annuisce lentamente.

Fiorella chiama il suo vicino, Signor Paolo. Lui conosce il padre di Nico. Insieme, decidono di aiutarlo.

"A volte, gli adulti dimenticano come ascoltare," dice Fiorella a Nico. "Ma possiamo ricordarglielo."

Col tempo, Nico sembra più sereno. Fiorella lo vede correre tra i fiori, sorridendo.

"Questo giardino è speciale," dice Nico un giorno. "Mi fa sentire al sicuro."

"È perché qui ci sono storie," risponde Fiorella. "E le storie guariscono."

Nico pianta un nuovo fiore nel giardino di Fiorella. "Questo è per la speranza," dice.

Fiorella lo guarda con orgoglio. "Hai capito il segreto del giardino," dice. "I fiori crescono con amore."

Insieme, continuano a prendersi cura del giardino, trasformandolo in un luogo di felicità e pace.

Fiorella's Garden

In Colle Verde, atop a hill, there is a special garden. It is Fiorella's garden, an elderly woman with white hair and kind eyes. Every flower in her garden has a story.

"This is the flower of hope," Fiorella says, pointing to a white rose. "I planted it when my husband Paolo recovered from his illness."

Fiorella spends every day in her garden, talking to the flowers and reminiscing about the past.

One afternoon, while Fiorella is watering the plants, she hears a noise. She turns and sees a boy hiding behind a tree.

"Who are you?" Fiorella asks with a smile.

The boy slowly steps out. "My name is Nico," he says. "I'm lost."

Fiorella invites him to sit down. "Would you like some lemonade?" Nico nods shyly.

Nico returns to Fiorella's garden every day. "Tell me about the flowers," he asks.

Fiorella shows him a sunflower. "This represents joy. I planted it when my son was born."

Then she points to a small daisy. "This is for my mother. She loved simple flowers."

Nico listens attentively. "My mom loved flowers too," he says quietly. Fiorella sees the sadness in his eyes but does not press him to talk.

One day, Nico sits beside Fiorella. "I'm scared," he says.

"Of what?" Fiorella asks.

"My dad is always angry. I don't know what to do," Nico confesses.

Fiorella looks at him gently. "You know, I was scared when I was a child too. But I learned that talking to someone helps. Would you like us to talk to your dad together?"

Nico nods slowly.

Fiorella calls her neighbor, Mr. Paolo. He knows Nico's father. Together, they decide to help him.

"Sometimes, adults forget how to listen," Fiorella says to Nico. "But we can remind them."

Over time, Nico seems calmer. Fiorella sees him running between the flowers, smiling.

"This garden is special," Nico says one day. "It makes me feel safe."

"It's because there are stories here," Fiorella replies. "And stories heal."

Nico plants a new flower in Fiorella's garden. "This is for hope," he says.

Fiorella looks at him proudly. "You've understood the secret of the garden," she says. "Flowers grow with love."

Together, they continue to care for the garden, transforming it into a place of happiness and peace.

La Casa Vuota

Emma aveva appena ricevuto una notizia importante. Sua nonna Margherita, che viveva in un piccolo villaggio chiamato Rosarossa, le aveva lasciato una casa. Nonna Margherita era morta da poco, e Emma si sentiva triste, ma anche curiosa di vedere la casa che aveva appartenuto a sua nonna.

Emma arrivò al villaggio con una valigia e una mente piena di domande. La casa di nonna Margherita era piccola, ma molto carina. La porta era vecchia e la vernice era scrostata, ma la casa sembrava ancora accogliente.

"Questa è la casa che nonna amava tanto," pensò Emma, guardando la vecchia casa.

Emma entrò lentamente. Il pavimento scricchiolava sotto i suoi piedi. La casa era vuota, ma in ogni angolo c'erano ricordi. C'era una poltrona vicino alla finestra, dove sua nonna amava sedersi a leggere.

Emma cominciò a esplorare. In una scatola sul tavolo, trovò delle lettere. Le aprì con attenzione. Le lettere erano scritte a mano da una persona che Emma non conosceva. Parlano di viaggi lontani e di sogni di una vita passata.

In un vecchio album, Emma trovò molte fotografie. C'era una foto di sua nonna da giovane, sorridente, con un vestito elegante. Poi, c'era una foto di nonna Margherita con un uomo. Emma non capiva chi fosse, ma il loro sorriso sembrava felice.

"Forse è stato un amore importante," pensò Emma.

Mentre guardava le foto, Emma sentì bussare alla porta. Era il postino, il Signor Carlo, un uomo anziano con gli occhiali.

"Ciao, Emma," disse il postino con un sorriso. "Volevo solo dirti che tua nonna era una persona speciale. Lei ha aiutato molte persone qui nel villaggio."

Emma lo guardò sorpresa. Non sapeva che sua nonna fosse così importante.

"Davvero?" chiese Emma.

"Sì, davvero. Ogni volta che qualcuno aveva bisogno di aiuto, nonna Margherita era sempre pronta. La gente la amava."

Dopo aver parlato con il postino, Emma si sentì più vicina alla nonna. Le lettere e le foto le avevano mostrato una parte della vita di nonna Margherita che non conosceva. Emma capì che la nonna non aveva solo vissuto una vita tranquilla, ma aveva anche affrontato molte difficoltà. La sua vita era stata piena di scelte difficili, ma anche di momenti felici.

"Forse anch'io posso affrontare i miei problemi come ha fatto nonna," pensò Emma. "Posso iniziare una nuova vita, proprio come lei."

Emma decise di rimanere a Rosarossa. La casa, anche se vuota, le dava un senso di pace. Nonna Margherita le aveva lasciato un messaggio: la vita è fatta di cambiamenti, e ogni cambiamento è un'opportunità per iniziare qualcosa di nuovo.

Con il tempo, Emma imparò a vivere in quella casa, a prendersi cura di essa e a rendere omaggio alla memoria di sua nonna. Ogni mattina, guardava le fotografie e le lettere, sentendo che nonna Margherita era ancora con lei.

La casa non era più vuota, ma piena di ricordi, di amore e di nuove speranze.

The Empty House

Emma had just received important news. Her grandmother Margherita, who lived in a small village called Rosarossa, had left her a house. Grandma Margherita had passed away recently, and Emma felt sad, but also curious to see the house that had once belonged to her grandmother.

Emma arrived at the village with a suitcase and a mind full of questions. Grandma Margherita's house was small, but very charming. The door was old, and the paint was chipped, but the house still seemed welcoming.

"This is the house that grandmother loved so much," Emma thought, looking at the old house.

Emma entered slowly. The floor creaked under her feet. The house was empty, but there were memories in every corner. There was an armchair by the window where her grandmother loved to sit and read.

Emma began to explore. In a box on the table, she found some letters. She carefully opened them. The letters were handwritten by someone Emma didn't know. They spoke of distant travels and dreams of a past life.

In an old album, Emma found many photographs. There was a photo of her grandmother as a young woman, smiling, wearing an elegant dress. Then, there was a photo of Grandma Margherita with a man. Emma didn't know who he was, but their smiles seemed happy.

"Maybe he was an important love," Emma thought.

As Emma was looking at the photos, she heard a knock on the door. It was the postman, Mr. Carlo, an elderly man with glasses.

"Hello, Emma," said the postman with a smile. "I just wanted to tell you that your grandmother was a special person. She helped many people here in the village."

Emma looked at him in surprise. She didn't know her grandmother was so important.

"Really?" Emma asked.

"Yes, really. Whenever someone needed help, Grandma Margherita was always ready. People loved her."

After talking to the postman, Emma felt closer to her grandmother. The letters and the photos had shown her a side of Grandma Margherita's life that she didn't know. Emma understood that her grandmother hadn't just lived a peaceful life, but had also faced many challenges. Her life had been full of difficult choices, but also moments of happiness.

"Maybe I can face my problems the way grandmother did," Emma thought. "I can start a new life, just like her."

Emma decided to stay in Rosarossa. The house, even though empty, gave her a sense of peace. Grandma Margherita had left her a message: life is full of changes, and every change is an opportunity to start something new.

Over time, Emma learned to live in the house, to take care of it, and to honor her grandmother's memory. Every morning, she looked at the photographs and the letters, feeling that Grandma Margherita was still with her.

The house was no longer empty, but full of memories, love, and new hopes.

Il Viaggio di Martina

Martina era un'artista che viveva in una grande città. La vita in città era frenetica e sempre piena di rumori e distrazioni. Un giorno, Martina decise che aveva bisogno di un cambiamento. Decise di lasciare la città e andare a vivere in una piccola cabina vicino a un bosco, in un posto tranquillo chiamato Fiumelungo.

Quando Martina arrivò nella nuova cabina, si sentì subito diversa. Il silenzio era incredibile. Solo il canto degli uccelli e il fruscio delle foglie nel vento riempivano l'aria. La cabina era piccola, ma molto accogliente, circondata dalla natura. Martina si sentiva finalmente libera, lontana dal caos della città.

Il primo giorno, Martina prese i suoi pennelli e decise di dipingere. Guardò il paesaggio che la circondava: gli alberi alti, le montagne lontane, e il fiume che scorreva tranquillo. Dipinse tutto quello che vedeva, cercando di catturare la bellezza del mondo naturale.

Ogni giorno, Martina passava ore a dipingere, ma presto si rese conto che c'era qualcosa di più della semplice pittura. Ogni volta che guardava un fiore, un albero, o il cielo, sentiva una connessione profonda con la natura. Non era solo questione di dipingere, ma di sentire la natura con il cuore.

Un pomeriggio, Martina incontrò una donna anziana nel piccolo villaggio vicino alla sua cabina. La donna si chiamava Lucia ed era conosciuta da tutti nel villaggio. Lucia sorrideva sempre e aveva uno sguardo gentile.

"Ciao, Martina," disse Lucia, con voce calma. "Ho visto le tue opere d'arte. Sono bellissime. Ma ricorda, la vera bellezza della natura non è solo nei colori che usi, ma nella pace che trovi in essa."

Martina rimase sorpresa dalle parole di Lucia. "Cosa intendi dire?" chiese Martina.

"La natura non è solo da guardare," spiegò Lucia. "Devi ascoltarla, respirarla, sentirla. Solo allora capirai veramente la sua bellezza."

Martina pensò molto a quelle parole. Nei giorni successivi, non dipinse tanto. Invece, passava il tempo a camminare nel bosco, a sedersi vicino al fiume e a osservare il mondo che la circondava. Ogni volta che camminava tra gli alberi, sentiva qualcosa cambiare dentro di sé. La natura la aiutava a riflettere sulla sua vita e sulle sue scelte.

Un giorno, mentre camminava vicino a un ruscello, Martina si fermò. Guardò l'acqua scorrere e le foglie cadere dagli alberi. Sentì una sensazione di pace che non aveva mai provato prima. Si rese conto che la vera bellezza non era solo nei suoi quadri, ma nella connessione che aveva trovato con la natura.

Martina continuò a dipingere, ma ora i suoi dipinti erano diversi. Non erano solo copie della natura, ma espressioni del suo legame profondo con essa. Ogni pennellata sembrava parlare di ciò che sentiva nel cuore: la tranquillità del bosco, la forza dei monti, e la dolcezza del vento.

Un giorno, Martina scrisse una lettera a Marco, il suo vecchio amico della città. Gli raccontò del suo viaggio e di quanto la natura l'avesse cambiata.

"Mi sono resa conto," scrisse, "che la natura non è solo da dipingere. È qualcosa che possiamo sentire e vivere. Ho trovato una nuova bellezza dentro di me, grazie a ciò che mi circonda."

Quando Martina tornò in città per visitare la sua famiglia, si sentiva diversa. Non era più la stessa persona che era partita. La città le sembrava più rumorosa e caotica, ma ora sapeva come trovare la pace dentro di sé. Ogni volta che si sentiva sopraffatta, pensava al bosco, al fiume, e a Lucia. E sapeva che, ovunque fosse, la natura sarebbe sempre stata lì per lei, pronta a offrirle la sua bellezza e la sua calma.

Martina's Journey

Martina was an artist living in a large city. Life in the city was hectic, always filled with noise and distractions. One day, Martina decided that she needed a change. She decided to leave the city and move to a small cabin near a forest, in a peaceful place called Fiumelungo.

When Martina arrived at her new cabin, she immediately felt different. The silence was incredible. Only the songs of the birds and the rustling of the leaves in the wind filled the air. The cabin was small, but very cozy, surrounded by nature. Martina finally felt free, far away from the chaos of the city.

On the first day, Martina took her brushes and decided to paint. She looked at the landscape around her: the tall trees, the distant mountains, and the river flowing peacefully. She painted everything she saw, trying to capture the beauty of the natural world.

Every day, Martina spent hours painting, but soon she realized there was something more than just painting. Every time she looked at a flower, a tree, or the sky, she felt a deep connection with nature. It wasn't just about painting, it was about feeling nature with her heart.

One afternoon, Martina met an elderly woman in the small village near her cabin. The woman's name was Lucia, and she was well known by everyone in the village. Lucia was always smiling and had a kind gaze.

"Hello, Martina," said Lucia, in a calm voice. "I've seen your artwork. It's beautiful. But remember, the true beauty of nature is not just in the colors you use, but in the peace you find in it."

Martina was surprised by Lucia's words. "What do you mean?" Martina asked.

"Nature is not just for looking at," explained Lucia. "You must listen to it, breathe it in, feel it. Only then will you truly understand its beauty."

Martina thought a lot about Lucia's words. In the following days, she didn't paint as much. Instead, she spent her time walking through the forest, sitting by the river, and observing the world around her. Every time she walked among the trees, she felt something change inside her. Nature helped her reflect on her life and her choices.

One day, while walking by a stream, Martina stopped. She watched the water flow and the leaves fall from the trees. She felt a sense of peace that she had never experienced before. She realized that true beauty was not just in her paintings, but in the connection she had found with nature.

Martina continued to paint, but now her paintings were different. They were no longer just copies of nature, but expressions of her deep bond with it. Every brushstroke seemed to speak of what she felt in her heart: the tranquility of the forest, the strength of the mountains, and the sweetness of the wind.

One day, Martina wrote a letter to Marco, her old friend from the city. She told him about her journey and how nature had changed her.

"I've realized," she wrote, "that nature is not just for painting. It's something we can feel and live. I've found a new beauty inside of me, thanks to what surrounds me."

When Martina returned to the city to visit her family, she felt different. She was no longer the same person who had left. The city seemed louder and more chaotic, but now she knew how to find peace within herself. Every time she felt overwhelmed, she thought of the forest, the river, and Lucia. And she knew that, wherever she was, nature would always be there for her, ready to offer her its beauty and calm.